金陵毗卢寺印魁文祖法语

[清] 印魁 著

南京大学出版社

目录

序

本书根据清宣统年间编撰的《金陵毗卢文祖法语》整理出版，现书名为《金陵毗卢寺印魁文祖法语》。

原本收录印魁法师百余道法语，由清池法师记录，内容包括进院、升座、上堂、起七、请职、普茶、对灵、安位、封缸、起龛、举火、入塔等。卷首印有印魁法师像一帧，祖印法师题写像赞。隐峰法师作传。

印魁法师，近代著名高僧，俗姓杨，法名昌文，一载显文，河北易县人，生于清咸丰六年(公元1856年)，逝于清宣统二年(公元1910年)。悟彻历代佛学典籍之奥旨，造诣深厚，道风卓著。任南京毗卢寺住持多年，大振法铎，宗风远播。

本书是晚清之际中国佛教文化的一本珍贵文献。

是为序。

南京毗卢寺方丈　传义

二〇一九年六月十六日

映彻法师升堂拄杖说法

传义大和尚拄杖说法

金陵毘盧文祖法語

金陵毘盧顯文印公和尚像

毘盧印公和尚像贊

親承

佛旨應化燕都法傳白象道悟黧奴

煅凡煉聖施鉗設鑪接引衆生歸

寶所逍遥金地禮

毘盧

宣統三年四月佛誕日書於見性堂

傳天台教觀玉泉沙門祖印敬題

金陵毘盧文祖傳

金陵佛教師範學堂後學隱峯撰

毘盧印魁和尚燕山易州人也俗姓楊氏生呈異祥容貌古偉少時嬉戲即不同於常兒凡具性靈昆虫非特不自爲害亦戒其同遊者勿傷父觀其有慈善性逮十一歲送之於永陽縣瓦宅社高明寺投覺實大師祝髮學佛以擴充其少小之慈善性焉歲十九得戒於西域山慈霞律師是時智識深邃溯念慈父所以送其出家之由而不敢安居自肆遊溫陽縣紅螺山晝夜精勤讀誦楞嚴法華諸經功深六載雖未

若智者之親見靈山而諸經奧旨己洞悉矣歲及三旬復思一隅之見聞寡陋欲徧謁名山諸善知識以壯其志以充其氣以廓其量遊九華翠峯聽講華嚴於刹那頃頓悟性海之恢宏卽發願受持華嚴如來出現品遊江乘赤山依法忍禪師參向上一宗朝夕搬柴運水拽石擔土乃至吃飯著衣屙屎放尿無不向上是會一日石子擊足忽驚嘆曰原來這物有何奇特若釋迦仍在吾必鑿其眼斫其脛以曉告天下人勿爲此黃面老所誘惑也然向上一宗公至斯雖能深窺堂奧而無始結習猶難頓除壬寅春結茅廬

山晝夜行坐脅不著席欲敝屣夫生死窠臼適劉思訓觀察耳公道名請至金陵毘盧主席公再三謙仄且曰自度度他原吾本願特恐力不勝任愧對黃面老兒然終不獲辭於是入毘盧主席焉公未至時毘盧殿宇爲士紳佔爲學舍其間神像爲其穢汚踐踏者不一而足慘雨酸風有心者實不忍覩及公至波旬之擾害雖能稍歛然究不得寧靜耳會江南道員四十餘人皆好佛美公名仰之若須彌造寺問道目擊學徒之鴟張心爲痛之聯名呈禀且稱公道魏制軍聞之大喜敕將學舍遷於他處於是公感護法等

之厚德大闡宗風悲衲子之智眼不明春夏則爲之演楞嚴法華諸經痛衲子之在名相文句中摸索秋冬則領之叅向上一乘又慨夫緇流之妙戒襲貌遺神乏人宏暢春夏又爲之一舉戒法公之心大槪以叅悟爲宗戒教爲輔居常雲集數百衆寺無半畝之産庫儲不形竭乏蓋原周端二制軍前後繼任傾公名佩公道樂以國帑之米鹽相助也此皆公之德義所及道誠所感非貧緣者所能比擬于萬一也諺云惟憂無眞道莫慮無供養其印公之謂乎當是時公名固聞於天下而佛教猶爲之一大振其慈父送其

出家之懷及斯而亦圓成矣宣統初年臘月念二日示微疾向天台諦閑法師曰印魁年五十三色身限數已盡告假去矣諦曰色身如水上浮漚隨起隨滅試道法身慧命何如師曰當體無生諦曰無生即公安置慧命處公默然應之復曰色身雖圓闍揚華嚴心猶未盡今生極樂有願再來諦曰公願深如海未來衆生將無一不爲公度也但今後事如何安置公曰心顯身中主意隱兩家賓一堆臭骨頭且休當爲眞從業生身娑婆恆存今脫罪報淸淨惟心願生極樂蓮華受身彌陀加被萬行從因今後臭骨同衆安營

即說偈曰參透人間世事禪半如雲影半如煙有時得遇東風便直向山頭駕鐵船言訖寂然而逝後學者清池三定深根律照玄珠等謂予曰末法緇流去來不迷得大解脫者宛若鳥類鳳凰獸中麒麟渺不可覩若印公者誠曠世一人而已然隱峯固聞其名見其人猶惜未得親炙門墻飽嘗法味良由夙少結緣今公逝後顛末情事聊爲一集不識可否能作未來得度緣也

金陵毘盧寺印魁文祖法語

清直隸正定曲邑資聖沙門後學清池記錄

進院法語

師初到山門云盡大地是個解脫門挽手拽不入印上座不費筋力令伊個個一超直入

彌勒殿云此老破顏笑哈哈大千沙界洒芬陀手捏布袋無壅塞龍華三會成佛陀

韋馱殿云護法三洲願力深摧邪輔正衛叢林欲識菩薩何面目眉毛八字兩邊分

大殿云十方坐斷耀古今塵塵剎剎示圓音無來無

去無出沒物物頭頭露全身且道如何是露全身東
藥師西彌陀
法堂拈香云
此一瓣香混沌以前世界未出早已全體獨露信手
拈來端爲祝延今上皇帝聖躬萬歲萬歲萬萬歲恭
願天長地久羣民樂業海宴河淸萬邦拱手此一瓣
香非生非滅非有非無非名相之可表非言詮之可
道奉爲滿朝文武官僚令辰請主劉公訓大人承本
願力衛護禪林令法幢早豎道場重興可謂福慧齊
增壽算無窮矣此一瓣香忠孝爲本道德爲根奉爲

本山護法紳縉遠近檀那諸上善人天爵與人爵俱崇法源與壽源同儔此一瓣香般若爲根六度爲本奉爲西天東土歷代祖師本寺開山量公老和尚及現今退居寄禪長老合院耆德伏願同悟一心等超十地功行圓滿果證菩提斂衣就坐拈拄杖云毘盧頂上絶孤踪大千沙界不通風欲識個中端的意人朝西走脚朝東今朝護法劉公大人請山僧登座說法敷演宗乘重興道場枯樹再榮印徹識淺慧豈能担此重任只得仰仗護法劉公並退居長老及內外諸師共興道場同發此心雖然如是即今無私一句

又作麽生良久云門前舊刹竿大家重扶起下座

除夕法語

師拈拄杖云此事從來未曾聞亦非貴賤非富貧仔細看來無他事祖父從來不出門山僧近日於無意中得一本新憲書正月亦不見大二月亦不曾小若擇其日日日是好日檢其時時時是好時從無春夏秋冬亦無開成閉破以威音王前爲元旦亦不曾添一歲以樓至佛後爲除夕亦不曾減一年確是官板流通並非私行僞造諸上座還有信得及者麽設有箇漢出來道總不如山中無歷日歲盡不知年山僧

但云少頃齋堂中普茶菓少不得你者多嘴禪和一分擲杖下座

陞座法語

師拈拄杖云滿月此日生灼破太虛空光徧周沙界無跡亦無蹤古德云心月孤圓光吞萬象光非照境境亦非存諸上座於此會得天地日月水陸空行山河國土草木叢林無非心月何故聻世界有成壞心月無成壞此月有虧盈心月無虧盈此月有明暗心月無明暗此月有大小心月無大小此月有偏圓心月無偏圓且道明暗虧盈偏圓大小與心月是一是

二若言是一違於理若言是二違於事不違不背一句又作麽生良久云看月擲杖下座

元旦法語

師舉如意云今朝正月一拈香祝聖畢露柱笑點頭虛空來慶喜門前二獅子一齊來採揖滿院盡發光松柏笑戲戲且道無位眞人何處覓毘盧頂上放光動地徧照塵沙世界六種震動羣機千賢萬聖普雲集天龍八部具儀未審說甚麽法響良久云麤言及細語皆歸第一義隨唱下座

圓經陞座法語

師拈杖云此事古今揚大地莫遮藏無隱亦無顯無覆亦無藏情與無情演沙界普宣揚會得這消息念念覲法王今朝圓經之期經功告竣法道周隆以此功勳上祝當今 皇帝福同性海聖壽無疆合朝官寮文武將帥祿位高增並及十方檀越信士諸大護法同結般若之緣共證菩提之果所謂情與無情一切普獲金剛三昧此事且置卽今慶讚一句又作麽生 良久云 性海普映周沙界各各齊登最上乘 擲杖下座

中秋陞座法語

師拈杖云中秋月正圓此事古今傳識得這消息處

處但隨緣諸上座今年八月十五光明皎潔無障無礙普照乾坤去年八月十五亦如是前年八月十五亦如是乃至過去無量劫八月十五總皆如是明年八月十五亦如是乃至盡未來際劫光明皎潔悉皆如是既三際悉皆如是三際不可得古今強安名三際不可得無障無礙今今不立古古常然雖然如是即今無住一句又作麼生良久云不動本際身普應物物頭頭現全身擲杖下座

除夕法語

師拈拄杖云毘盧頂上絕塵埃普應十方無去來識

得個中眞消息不離此處護法財今日陞座不爲別事只與諸上座通個消息一年三百六十日惟看此日是好日通方俱知人人共曉三歲頑童亦皆不昧盲聾瘖瘂悉皆能了且道旣能知能了因何道不會明者盡是江南客幾個能知水東流此事且置卽今應時一句作麼生道良久云 年齊月空事理盡各各迴光證無生擲杖下座

元旦陞座法語

師舉如意云元旦萬象新衲子普雲臻欲問說何法眉毛八字分昨日今朝事新舊是何因非賓亦非主

非踈又非親有無俱不棄空色亦不擯山河及大地處處露全身石牛恆普跳木馬逐雲呑欲明端的意鼻頭向下伸雖然如是應時一句又作麽生良久云忽聽大炮咕咚響國泰民安大地春掉杖下座

解制陞座法語

師拈拄杖云正月十五月當空普徧十方絕跡踪山河大地渾如故南北東西各不逢今朝解制之期大法難明時光易度衲子門下莫隨世諦羣流一念差別似烏雲遮月處處障礙一念迴光如杲日麗天處處解脫全賴自己立定主宰勿被動靜二相瞞昧動

則涉塵勞之境靜則沉昏醉之鄉動靜雙泯則落空亡動靜雙收則顯佛性諸上座到這裏如何透此二途良久云木馬遍餐天邊月泥牛通吞海中鯨擲杖下座

四月八日陞座法語

師拈拄杖云兜率天下降王宮無邊刹海示誕生一身普現周沙界塵塵刹刹盡圓通今朝四月八日迦毘羅衛國毘藍園内摩耶夫人手攀無憂樹枝從右脇降生太子九龍吐水沐浴金身地湧金蓮親承其足此是降生之相非但一世界百世界千世界萬世界佛刹微塵世界乃至華藏世界海微塵數世界一

一世界南閻浮提毘藍園內降生太子乃至親承其足非先非後非左非右一時頓現又不分身亦非一故塵塵剎剎無處不徧無處不周華嚴經云佛身充滿於法界普現一切衆生前隨緣赴感靡不周而常處此菩提座此是諸佛無礙境界自在妙用此事且置即今報恩酧德一句又作麽生良久云大衆一心無二用少頃上殿浴金軀拄杖下座

結夏法語

師拈拄杖云十方龍象衆聚會此道場齊歸毘盧海又曰普光堂凡聖皆收進入己一異忘無人亦無我

非斷亦非常言相不能表無隱亦無藏果能如是會
處處絕商量此事且置卽今結夏一句又作麼生良
久云海衆同心無二念時時得逢妙吉祥擲杖下座

七月初一日開講法語

師拈拄杖云毘盧性海水時至印百川三草及二木
五性倂人天有情與無情根實無兩班能所性寂滅
如月耀青天今朝開講之期難免重翻葛藤若是上
根利智一聞千悟撩起便行不須說而會不待講而
明塵塵洞徹物物契宗了諸法始終如幻達塵境當
體本空無遮無表非礙非通似石童繫鼓如木女椎

鐘如虛空拍掌大地嚇驚若會此意眉分西東此事且置卽今慶讚一句又作麼生（良久云）洪深法海特祝皇王之聖壽浩瀚微言永報佛祖之深恩（擲杖下座）

解夏陞座法語

師掉杖云解開布袋口放出水牯牛任運東西走謹防雨淋頭今朝七月十五日解制之辰昔日結法界普結今日解法界普解解結之事無相無形項門洪開隨意縱横身心無礙隱迹潛形果能如是法道周隆雖然如是卽今陞座一句又作麼生（良久云）丈夫自有冲天志不向他人行處行（掉杖下座）

中秋陞座法語

師拈拄杖云今朝八月中此事大地與非今亦非古非滅亦非生普應周沙界處處現神通千江水悉印亘古絕始終大小無隔礙遠近無跡蹤識的這消息何必認西東此事且置即今佳節慶讚一句如何舉揚（良久云）皓月當空齊共仰舉手低頭證無生（擲杖下座）

除夕陞座法語

師舉如意云萬派百川令歸源山河大地豈偶然會得個中這消息物物頭頭此時圓今朝除夕年窮歲盡事理俱泯萬法歸元煩惱菩提猶如梦境生死涅

槃如水中天古德云建立水月道場降伏鏡裏魔軍教化如幻眾生成就夢中佛事於此會得說甚麼新年頭舊年尾日日是好日時時是好時此事且置郎今應時一句又作麼生良久云少頃大眾聞炮响一齊齋堂吃普茶下座

元旦陞座法語

師舉如意云今朝正遇立春百吉千祥並臻性海光吞萬像原來物我不分今朝第一日當說第一句觀第一境行第一事修最上一乘明向上一著通第一竅會第一法且道作麼生是一有無是二空色是二

明暗是二凡聖是二世間法出世間法是二處非處是二煩惱菩提是二生死涅槃是二乃至眞妄總皆是第二作麼生是第一會得此意皆是第二此事且置即今慶讚一句作麼生道良久云遍界異物等光照一法了然祝萬春下座

解制陞座法語

師豎拂云今朝正是元宵節諸人盡道夜歲燈此燈不拘中內外物物頭頭放光明四生六道無二相三世諸佛鼻孔同於此會得這消息徧周法界任縱橫不用寒灰枯木座亦不冷熱氣喘行無縛無繫非解

非脫淨躶躶赤洒洒無有纖塵𡎺礙果能如此會得盡大地是禪堂處處是選佛場其或未然行住絕思量靜坐薩婆訶 放拂下座

陞座法語

師拈拄杖云明珠在掌隨眾色以分輝寶月當空隨千江而現影今朝四月八日摩耶夫人手攀無憂樹降生太子九龍吐水灌沐金軀金盆承奉沐浴如來且道有塵可浴無塵可浴若道有塵可浴卽與釋迦如來敵體相違若道無塵可浴早是塗汚了也此事且置卽今應時節一句又作麼生 良久云 不動本際

常普應法界衆生恆被蔭下座

陞座法語

師拈拄杖云今朝毘盧結夏鉢囊一齊高掛佛法世法莫論人我是非放下大家同聚一堂總不犯人苗稼縱有惡魔忽逢直了如幻如化惟有行走往來念念照顧脚下莫教踏碎方磚惹得一場笑話擲杖下座

開講陞座法語

師拈拄杖云教海汪洋眞源渺漫浩瀚無涯凡聖俱貫大小齊逢遠近周徧染淨普收今古同現離名離相空色俱鑒非生非滅永絕際畔拈起徧含萬象收

來纖塵不現十地到此魂驚祖師聞此膽戰三世諸佛難把著六道四生未夢見故教意難憶難宣豈不見古德云言一議而辭喪心一思而慮忘豈能言宣蹔此事且置卽今啟講慶讚一句又作麼生良久云於此法會澈心源究竟得成無上道擲杖下座

圓經陞座法語

師拈拄杖云教體無相亦無形性海澄清任縱橫若人欲識這消息物物頭頭放光明今朝經期事畢法會周隆諸佛歡喜天龍護佑以此功勳上報四恩下濟三有遠近檀那增延福壽但願人人了塵境如幻

達生佛體同不作自見不作他見不作有見不作空
見不作凡見不作聖見不作染見不作淨見如是而
見有無俱不可得楞嚴經云見見之時見非是見見
猶離見見不能及於此會得盡大地爲自己徹古今
在目前此事且置卽今慶讚一句又作麼生良久云
頓悟本來眞面目永作法界無盡燈掉杖下座

陞座法語

師拈拄杖云九旬牧牛事已圓放去收來得自然山
童拍掌哈哈笑忽忘江北又忘南今朝解夏諸方叢
林衆禪衲子或迷或悟或修或證毘盧常住與諸方

不同無迷無悟無修無證非因非果非凡非聖非去非來非滅非生故華嚴云世趣永滅故非來法生無性故非生法身平等故非滅無有生相故非實住如幻法故非虛利益衆生故非遷超過生死故非壞性常不變故一相言語悉離故無相性相平等故非相總而言之染淨一性依正普應果能如此會得處處無非華藏界恆教念念入毗盧擲杖下座

陞座法語

師拈杖云欲會個中意先會個中戲老幼及男女出入沒蹤跡萬計與千般誰換與誰替億劫在須臾頃

刻爲四季癡人執實有智者看爲戲法性本不生世法亦不去刹海無數劫三世一念繫諸佛所說法有句及無句皆爲示情迷直了無生義菩薩及諸祖各各明此意聖凡所施爲無非個中戲請問諸上座作麼生能離此戲良久云門前石獅大開口頌刻唱了三出戲喝一喝下座

講經陞座法語

師拈拄杖云楞嚴經云妙性圓明離諸名相本來無有世界衆生既無世界衆生亦無凡聖情見情見既無亦無人我是非既無人我是非亦無生死涅槃既

無生死涅槃亦無揚眉瞬目動作施為一切皆無既一切皆無且道畢竟作麽生良久云不妨別通一線議定三件事第一從朝至暮舉足下足不得踏著常住地若踏著常住地定犯著波羅夷罪第二十二時中不得向鼻孔裏出氣若向鼻孔裏出氣定犯波羅夷罪第三且莫說且莫說留在七月十五日也未遲甕裏何曾走却鼈擲杖下座

陞座法語

師拈拄杖云毘盧頂上絕跡無蹤刹海不通風若人會得個中意結解猶如水月星今朝中元佳節叢

林要關諸方解我這裏結結解之法本無一定出入之義空裏漚華南天台北五台總在諸人脚底下踏著踏不踏置而不論忽有人問上座在那裏過夏切莫説在毘盧諸上座會麽良久云毘盧峰頂無人到從來難逢幾人知下座

陞座法語

師拈拄杖云今朝正是八月中盡道此日太陰生誰知從來無變易今日又提舊家風無論僧俗及男女貴賤賢愚悉皆稱老人歡見心觀悅少者直視喜更生徧周法界隨緣應遠近大小處處央雖然如是卽

今佳節慶讚一句又作麼生良久云了知滿月無垢
淨誰不從此證圓通擲杖下座

陞座法語

師拈拂子云元宵正月半家家分兩片若論此事正
如一燈分爲千燈燈燈相續無有窮盡在東則爲職
事在西則爲頭首在方丈則爲住持在閑寮則爲耆
舊及至於三条椽下七尺單前經行坐卧卷舒出沒
莫不以此燈而爲佛事所謂一明一切明一用一切
用重重主伴歷歷交參無黨無偏無新無故只貴現
成受用到頭不涉安排任是猘狗泥猪也少他一分

不得擊拂子云 一氣不言含衆象萬靈何處謝無私

擲拂子下座

結制陞座法語

師拈拄杖云毘盧頂上絕塵埃無邊刹海少安排欲會個中端的意門前青獅笑盈腮今古打七總爲此事西天四七東土二三隨例成風互相顛倒雖然寒熱不同要且病源無二如古德云必須高高出頭立深深海底行登山不到頂不知太虛之寥廓入海不到底不辯大海之淺深又如大鵬展翅直趣龍吞不顧六合崩騰那管盲龜跛鼈諸上座到這裏還知冷

熱來侵麼寒毛卓豎麼喝一喝下座

臘八陞座法語

師拈杖云妙淨明心本無迷悟一念纔興即有聖凡森羅萬象不能覆其跡萬聖千賢豈能窺其源昔日釋迦如來於正覺山前覩明星而悟道自言天上天下惟吾獨尊只如雲門大師道吾當時若見一棒打死與狗子吃貴圖天下太平且道是讚伊是謗伊若讚讚個甚麼若作謗會入地獄如箭且道不讚不謗一句又作麼生道良久云　鴛鴦繡出憑君看難把金針度與人擲杖下座

除夕陞座法語

師拈拂子云除夕不說佛法亦不說世法忽然摸著鼻孔哈哈大笑放下今朝除夕年齊歲盡事理已周凡所施爲諸行皆休無禪可叅無道可修毘盧這裏不然只將一個無義味話頭拋向諸人面前一任摸索摸天摸地摸來摸去捕風捉月逗到臘月三十日依然靈驗全無且道印上座作麼生告報若作佛法商量吃水也須防噎此事且置即今應時一句作麼生道良久云以衆和平無彼此少頃齋堂吃普茶下座

解制法語

師拈杖云光陰底事太無情不假施爲暗摧形這裏只須高著眼長短畢竟誰爲憑會得個中端的意萬古長劫當體成塵塵剎剎唯心現物物頭頭放光明此時正值這佳會元宵個個慶上乘擲杖下座

中秋陞座法語

師拈拄杖云中秋佳節月當空無邊剎海各得逢欲會個中端的意半夜三更日正中諸禪德果能於此了然念念不離當體月時時常逢自光明雲門大師道人人自有光明在看時不見暗昏昏這裏會得横亦是自己光明豎亦是自己光明遠亦是自己光明

近亦是自己光明大亦是自己光明小亦是自己光明善亦是自己光明惡亦是自己光明乃至行住坐卧運水搬柴吃飯穿衣屙屎放尿總不出自己光明所謂動靜無他事聞見自光明印上座亦頌一偈

石榴蘋菓大的強西瓜定要吃好甎菱角葡萄出處好渴時白蓮正相當且道與古人是同是別若道是同又辜負老僧若道是別別在甚麼處會麼良久云土物原非妙細咬嗞味長擲杖下座

臘八陞座法語

師拈拄杖云今朝臘月初八世尊悟道時節忽然明

星朗現觸破寶藏心華昔日黃面老漢覩明星而悟道云吾觀大地眾生皆俱如來智慧德相只因妄想執著而不能證得山僧認麼告報直令諸人識取智慧德相妄想執著窮徹根源毫無自性然後將妄想執著作智慧德相也得將智慧德相作妄想執著也得又將妄想執著智慧德相縛繫一色拋向他方世界那邊更那邊雖如是提唱在諸方則可毘盧這裏則不然且道畢竟如何聻良久云無論東土及西天普令心喜盡生歡清晨大眾觀一入香粥各各任意餐擲杖下座

除夕陞座法語

師拈拄杖云今朝除夕事事俱備脫體了然處處任意有時應物現形有時一法不立有時緘口無言有時放光動地且忌燈前覓火水邊莫尋濕氣冷時直言是冷熱時不求涼氣凡所施爲無非隨唱作戲果能如是那管三十除夕其或未然謹防閻王老子算齎良久云閻王老子算齎擲杖下座

四月八陞座法語

師拈拄杖云黃面老子今朝生塵塵剎剎處處逢或現大身靡邊際或復現小還本形遠近內外無不至

大小應機各不同無邊刹海一時現穿無前後等同春不離兜率天內院迦毘羅國現威靈歡喜園中光瑞現摩耶右脇而誕生九龍吐水金盆浴周行七步目顧分天上人間獨尊號十方法界無二中諸上座卽今釋迦老子在甚麼處安身立命還會否如不會山僧與諸公通個消息去誰知竹杖頭上放光動地自言天上天下惟吾獨尊只如雲門大師讚歎道我當時若一棒打死與狗子喫貴圖天下太平且道過在甚麼處良久云這裏會得一生參學事畢擲杖下座

結夏陞座法語

師拈拄杖云毘盧頂上法筵開諸方龍象雲集來等施一味惡毒水蕩盡身心絕去來今朝四月十五結夏定依佛祖來去須要分明不許脚底莽鹵仔細諦視水紋莫叫盲龜起舞果能如是用機始知今朝十五此事且置卽今法筵重開一句又作麼生良久云大振雷音匝地風密密微微施法雨擲杖下座

中秋陞座法語

師拈拄杖云八月十五月正圓普照沙界恆湛然等亦情與無情體遠離分別絕言詮今朝中秋佳節月滿長空從無隔礙處處亨通光明皎潔無跡無蹤普

天匝地耀始耀終當體獨露徧界齊逢本無隱顯肯者自肯非月之咎何不自惺所以雲門大師云人人自有光明在看時不見暗昏昏此事且置即今應時一句又作麼生良久云滿月淸光無限際洞徹禪心似水清擲杖下座

解七陞座法語

師拈竹篦云毗盧寶殿重放光普招衲子歸故鄉忽然摸著舊鼻孔依然兩眼眉一雙今朝解七之期諒必諸上座工夫悉已成就頂門洪開隨緣鑒照本地風光處處皆明如如意珠隨意拈用或照天堂地獄

或徹六道四生或建山河國土或施雜品生靈塵塵上顯物物上與有無普徹明暗齊逢雖然如是卽今解七一句又作麽生良久云已過關者重進步未過關者復加工著箆下座

解七壓座法語

師拈直指云石童拍掌笑泥牛海底行鐵獅騰空吼白牛露地鳴今朝解結之期昔日結山河大地乃至三業六根一結一切結今日解山河大地乃至三業六根一解一切解結解雖殊其體無二此事必須徹底欣翻無一物可立無一法可興無一毫可除無一

事可呈乃至虛空粉碎大地平沉青天白日無纖塵過患亦與老僧手裏吃棒何故如此青山更在青山外青山更不見青山此事且置即今無私一句又作麼生良久云摸著鼻孔古今同八面玲瓏妙無窮忽然撐開頂門眼徹見山河一掌平放直指出堂

臘八陞座法語

師拈拄杖云道本無相亦無形自古已來本無名包含法界無變異未曾聞壞亦無成今朝臘月八世尊成道良辰此皆是示時節而成等正覺觀機緣而轉大法輪故華嚴經云世尊成道時山河大地草木叢

林物物頭頭皆成等正覺皆轉大法輪如此會得無生無滅無古無今無自無他無凡無聖無出無沒無舊無新此事且置即今慶讚一句又作麼生良久云長夜黑暗無異路佛日出現萬事隆擲杖下座

陞座法語

師拈杖云暑退涼初金風露皎潔無瑕月正圓光照十方周沙界無去來中事宛然今朝十五中秋佳節皓月當空光輝大地遠近一相大小齊逢貧富貴賤老幼賢愚平等普照雖徧十方無來無往普攝一切無滅無生過去無始未來無終無始無終三際不可

得三際不可得古今不變今古常然此事且置即今應時一句又作麽生良久云一輪明月照法界萬類有情盡蒙恩擲杖下座

陞座法語

師拈杖云四月八日佛降誕無邊刹海利人天實無來往恆普應猶如明珠徹新翻今朝悉達太子于迦毘羅衛國嵐毘尼園無憂樹下示現誕生所謂一處示現徧周法界塵塵刹刹刹刹塵塵悉皆示現誕生諸上座果能於此境界橫趨直入不顧危亡奮發勇猛徹見本來面目當下冰消瓦解然後頭頭應用左

右逢源一任喚佛也得喚魔也得喚凡也得喚聖也得喚彼也得喚此也得喚邪也得喚正也得隨機示現一切無礙古德云隨流認得妙無喜亦無憂此事且置卽今應時一句又作麼生良久云將此深心奉塵刹是則名爲報佛恩擲杖下座

解七法語

師拈竹篦子云向上一路不通風無邊刹海於此與會得生前何面目萬別千差一貫通禁七今日圓行相旣已周漆桶底脫落萬緣悉皆休洞徹本來面無喜亦無憂囫圇頂門眼別有一春秋肩擔竹杖子沙

界任意遊隨唱而作戲今古一齊收此事且置卽今慶讚一句又作麼生良久云大開寶藏施羣品萬古長劫未肯休喝一喝擲筇下座

解七法語

師拈竹篦云一片閑田地古佛舊家風欲問西來意畢竟日出東囫開頂門眼灼破太虛空露柱說開悟誰來作證明此事且置卽今解七一句又作麼生指筇云百尺竿頭重進步十方法界任縱橫擲筇下座

解制陞座法語

師拈杖云今朝正直正月中家家戶戶看新燈燈傳

世盡普周徧百千萬燈一燈生欲識此燈麽東方日月長西方天地空長江水圍繞鐘山向南京泥牛跳入華藏性海撞翻娑羯羅龍王宮驚動老龍王眉毛火發燒得東海鯉魚亂迸崑崙山看他不覺冷笑三門外獅子樂不住聲佛殿前寶鼎搭恭道喜竹杖子忍梭不止東觸西觸或縱或橫一物不逢諸上座這裏作麽生會若作佛法會入地獄如箭若不作佛法會兩眼如矇且道畢竟如何聾 良久云 清晨聽梆響齋堂吃元宵 擲杖下座

解七法語

師拈竹篦云囪開頂門金剛眼洞徹山河絕古今塵塵剎剎無二相物物頭頭舊家珍舊家珍終無盡信手拈來心地印隨緣鑒照悉皆明等施羣迷終無恪是以麻三斤乾屎橛庭前栢樹子封州布衫臨濟喝德山棒無非與人受用處雖然如是出格一句作麼生道良久云　一期包子無二樣識得麪味恆具足

擲篦下座

臘八陞座法語

師拈拄杖云臘八覩明星世尊道初成認定此時節朦朧倍朦朧而不知黃面瞿曇本無出沒亦無敗興

騰今耀古無滅無生諸上座於此會得釋迦老子時時成道念念度生或三乘五種性內或六道四種生中或現報身相好或示化身儀形塵塵剎剎潛踪隱跡若依若正處處圓通雖然如是卽今應機一句又作麼生良久云 時寒地凍赫日現人間天上共相逢

拽杖下座

世尊成道陞座法語

師舉如意云世尊成道觀機緣夜覩明星豈偶然會得個中明星現物物頭頭盡指南今朝臘八悉達太子悟道時節佛眼頓開異類普鑒猶如春雷發生萬

物各有時節如華嚴經云菩薩成佛時見一切衆生悉皆成佛所謂一成一切成盡周法界一切世界普成正覺物物頭頭各各現全身普皆圓滿又舉拂子云拂子在這裏現全身在甚麽處於此會得時時彌勒出現念念釋迦成道此事且置即今慶讚一句又作麽生良久云佛日普照諸品類各各眼開見慈尊執拂子下座

除夕陞座法語

師舉如意云一年三百六十日爲有此日最加忙古今是非同時現猶似螃蠏落沸湯衲僧於是須猛省

直觀此處是誰慌忽然洞徹娘生指八苦交煎總不妨悟後始知冰是水明燈還來是火光白雲只在青山外誰知青山白雲彰果能體會個中意時時得逢妙吉祥放如意下座

結制陞座法語

師拈拄杖云深窮海底立毘盧頂上行萬劫塵勞事全在此時乘千重羅網斷撒手脫樊籠果能如此進如鯤化爲鵬此事且置卽今頓超一句又作麼生良久云普願諸人命根斷父母子孫頃刻亡擲杖下座

臘八陞座法語

師拈拄杖云道本無相亦無形從來誰壞復誰成於此會的個中義大地山河一掌平今朝臘八世尊成道以道無成一切成故華嚴經云諸佛成佛大地一切衆生皆是如來智慧德相皆因妄想執著而不能証得執著不執著此事且置卽今慶讚一句又作麽生良久云景日昇時虛空朗盡遍法界悉皆明擲杖下座

元旦陞座法語

師舉如意云毘盧頂上絕跡踪塵塵刹刹密通風欲會個中端的意半夜三更日正中此一瓣香上祝當今皇帝大統乾坤邊邦甯靜海晏河淸聖壽無疆萬

歲萬歲萬萬歲此一瓣香中祝滿朝宰官左輔右弼干戈永息甲馬休爭文武官僚高增祿位此一瓣香下祝十方施主遠近檀那諸大護法增福延壽去如意

執拄杖云今朝正月一此日最吉祥萬象更新起文彩從頭彰瑞相無覆隱徧界不曾藏廓開正法眼塵昏頓消亡會得這消息處處恆吉祥雖然如是卽今慶讚一句又作麼生良久云歲朝重新慶萬事大吉昌擲杖下座

元旦陞座法語

師拈如意云舊歲已去復更新八面玲瓏處處眞處

處眞處處眞眞大道本來無淺深塵塵剎剎惟心變世諦原無說舊新個中從來無定相物物頭頭盡逢春此事且置卽今慶讚一句又作麽生良久云邊邦寧靜歸聖化福壽齊增總歸眞放如意下座

傳戒陞座法語

師拈拄杖云道場垂開戒已周塵塵剎剎彌不收若人會得這消息大悲觀音笑不休今朝閏月初一戒期法事將起先說十支戒品次宣二百五十毘尼後圓三聚淨戒爲引利鈍根機此是所關戒相非是無作戒體且道如何是無作戒體聻不係春秋不屬冬

森羅萬象各不逢收來纖塵不立放去沙界息爭龍聞此語當下免難金翅鳥聞這言惡不復興鬼聞此戒頃刻迴避蟒聞戒音直下脫生戒如斬羣邪之寶劍戒如長夜之明燈戒如度苦海之舟航戒如過奈河之橋梁果能如是信去畢竟衆苦息忘此事且置即今應時一句又作麽生良久云惟願戒海恒常住盡未來際永不涸擲杖下座

開爐法語

師拈拄杖云以居古規復頓彰普令行人達故鄉直下承當無回互如渡大海護浮囊今朝結制大開爐

冶煅煉人材鉼盤釵釧皆入洪爐無論粗細盡從這裏陶汰所謂精金須是火煉煉久定成一片剎那不可忽俟忽然撞破鼻端看看靈光烱烱習磔騰騰洞徧沙界乃有融通當處卽是彼岸若是入刀避箭應須倒退三千眞正不顧危亡底衲僧須從這裏勘驗定從這裏勘驗云叅

解七法語

師拈竹篦子云叅透本來面凡聖不隔線沙界不通風了然無際畔天地不能包日月不能鑑識的這消息亦無幻不幻此事且置卽今慶讚一句又作麼生

良久云　龍象各各了無生縱橫施爲絕跡蹤慶祝皇上諸聖壽萬邦樂業永息征　擲笓下座

上堂法語

師掉杖云今日念陸復重新萬象森羅此處分欲問個中端的意猶如清水透花針今有護法王太太來山進香爲植福延齡廣結良緣請法飯僧若論此事如手相似能舒能縮能收能放取染而非染攝淨而非淨在有不有在空不空在動非動在靜非靜徧一切物此手無生無滅空無無一事此手或前或後或左或右總是神通妙用動作云爲無非本地風光於此

會得三世諸佛同一鼻孔出氣歷代祖師方能把手共行其或未然重示一偈古德云念念照常理新新息幻塵徧觀諸法性無假亦無眞此事且置卽今慶讚一句又作麽生良久云今朝親入毘盧會福慧齊增永長生擲杖下座

爲衆姓上堂法語

師拈杖云毘盧古今揚無隱亦無藏識得這消息何必更商量今有衆姓人等來山進香請法飯僧廣結良緣祈山僧登座說法若論此事非凡非聖非自非他人法雙泯事理俱亡老僧口挂壁上無有開口處

只得將木上座與大衆通個消息以杖打圓相云三世諸佛歷代祖師俱在這裏根身世界六道四生亦在裏許乃至依正二報情與無情總不出此此事且置卽今慶讚一句又作麽生 良久云 今朝親登毘盧境福慧雙全永長生 擲杖下座

上堂法語

師拈拄杖云風漂葉落狂大地莫遮藏本來無一事何必更商量信官吳孝廉來山進香請法飯僧廣結良緣請山僧登座說法爲大衆明心見性洞徹本源人人皆迷見聞覺知而不了此體若論見性見卽是

性不可以見更見於性聞卽是性不可以聞更聞於
性覺卽是性不可以覺更覺於性知卽是性不可以
知更知於性諸上座云何頭上更安頭楞嚴經云知
見立知卽無明本知見無見斯卽涅槃此事且置卽
今慶讚一句又作麼生 良久云 頓徹本源心地空福
慧雙全永長生 擲杖下座

上堂法語

師掉杖云今朝逢十九毘盧頂上走識得這消息何
尾復何首合會衆姓人等來山進香請法飯僧廣結
良緣若論此事人人本具各各現成不假安排豈借

修証非今非古非滅非生非言詮之所表非名相之可道於此會得三世諸佛同一體六道四生共一形此事且置即今慶讚一句又作麼生良久云佛光普印千江水各各心開悟無生下座

上堂法語

師拈拄杖云親謁毘盧峯光明處處通從來無際畔何敢復何興光耀周沙界無迹亦無踪會得個中意應念証無生今有衆姓人等爲祈福延齡請山僧爲衆宣揚若論此法無說無示非自非他非有非無非色非空舉起徧周法界收回一物不逢悟之者神通

妙用迷之者喚作精魂此事且置即今慶讚一句又作麼生良久云　悟得本來眞性海恆河沙劫壽長生

掉杖下座

上堂法語

師掉杖云寶鏡當空照光明貫古今從來無背面何疎復何親只因一念忿昧却本來眞隨情故流轉失落自家珍劉居士汝欲求福慧直了面前無法可縛無境可遷見色聞聲無非毘盧妙境舉足動步總是本地風光果如此會壽同虛空之量慧如大海無邊歷千劫而不生盡未來際而不滅雖然如是即今慶

讚一句又作麽生良久云一月普印千江水千江水月一月攝識得個中這消息恆河沙劫壽長興下座

上堂法語

師拈杖云毘盧峯頂絕古今黑白山童無禮申欲識個中眞消息門前二獅笑吟吟今有妙覺庵沙彌尼弟子爲求上品淨戒請法飯僧廣結良緣乞山僧登座爲衆宣揚若論此事離名絕相非色非心明之者無物可表無法可興於一毛端横吞巨海刹海世界只是一塵於此會得道有也不立一塵道無有也不撥一物有權有實有照有用有縱有奪有殺有活可

以意會不可言詮方便指迷之謂教直下傳心之謂宗攝心離念之謂律漸者博而至約頓者一了百通雖然如是要在徹骨徹髓方得如斯古德云學道如鑽火逢烟未可休直待金星現歸家始到頭直須通身放下忘苦忘樂忘死忘生歷盡艱辛方始透脫非憑一點真心不得成就此事且置即今省策一句又作麽生（良久云）不受一翻寒徹骨那得梅花噴鼻香（擲杖下座）

上堂法語

師拈拄杖云毗盧性海絕商量無新無舊離短長一

葉普覆周沙界葉葉迴旋體亦忘今有護法劉庭鈞
爲普利人天請法飯僧廣結良緣若論此事本來無
修無證無滅無生迷之者流浪生死悟之者卽成菩
提非說非默無是無非於今大衆雲集作何商量以拄
杖指云十方世界吹大法螺繫大法鼓演大法義雨
大法雨還見麼聞麼既見既聞云何不會聾此事且
置卽今讚頌一句又作麼生良久云今朝親入毘盧
會福壽齊增永長生擲杖下座

上堂法語

師拈杖云蓮社勝會此時開諸上善人聚會來欲會

個中眞妙義物物頭頭見如來今有本寺護法比丘尼智淸徐仁才等統領大眾來山進香請法飯僧爲廣結良緣普利人天乞山僧陞座說法若論此事非自非他非凡非聖離名離相非縱非横人人本具個個圓成無欠無餘豈假修證如皓月當空千江普應若大若小若染若淨若高若低若邪若正一切等應亦無次第月無下降之意水無流影之心於此會得法界普遍無先後處處雖攝無蹤跡信手拈來無不可隨緣鑑照古今同此事且置卽今慶讚一句又作麽生良久云個個普獲佛三昧恆河沙劫壽難窮擲杖

下座

上堂法語

師拈拄杖云人各有一無價寶從來無相亦無形欲識個中端的意時時念念放光明今有三寶弟子劉隆芳左隆輝爲植福延齡事請法飯僧廣結良緣請山僧登座說法法本不生今亦不滅在有不有在空非空在邪不邪在正非正在染不染在淨非淨在凡不爲凡所牽在聖不爲聖所動明得此寶如金剛王寶劍作長夜之明燈過奈河之橋梁度苦海之慈航隨緣應用處處皆通隨心逍遙任意縱橫此事且置

即今慶讚一句又作麼生良久云今朝始發菩提心究竟得入最上乘擲杖下座

上堂法語

師拈拄杖云今朝正值六月六烈火炎天難回互一心直覓清涼池誰知當面錯一步今有信官江蘇常鎮通海道郭大人請山僧登座爲衆舉揚只如烈火炎天盡十方徧法界且道清涼池作麼生覓若高若下若遠若近若大若小若明若暗總在裏許烈火炎天作麼生出清涼池作麼生覓　諸上座果能於此會得一念超出世出世世間隨往無礙四生六道任意

逍遥淨躶躶赤洒洒一塵不染一絲不掛以長作短以短作長延促同時遠近一相將過去未來作現在將現在作過去未來昔日趙州云汝等諸人被十二時使老僧使得十二時楞嚴經云若能轉物即同如來此事且置即今慶讚一句又作麼生（良久云）月體徧照十方界情與無情盡蒙光（下座）

上堂法語

師拈拄杖云清淨妙世界法海皆以周無量百意劫念念道不休今有本寺監院脫凡大師爲剃度恩師資冥生蓮乞請山僧登座爲衆舉揚若論此事人人

本具個個現成本有光明不假修證或前或後或左
或右視之不見聞之無聲在染不為染處淨不為淨
在色非色在空非空有不有空不空悟之者神通妙
用迷之者喚作精靈拈起徧周法界收囘來無相無
形此事且置卽今助讚一句又作麼生良久云頓開
三空實相印直登上品寶蓮中 擲杖下座

上堂法語

師拈杖云毘盧頂上重放光普令羣迷歸故鄉爍開
本有金剛眼人天普慶集此方佛法汪洋大海非由
此衆莫筏沙彌雖曰小機直登佛界邊涯教化人天

同轍盡未來際無暇故法華經云大通智勝佛寂然入定十六菩薩沙彌化導無數恆河沙眾同登覺岸此事且置慶讚一句又作麼生良久云猶似梅花重敷徧人天悉聞共讚誇下座

誕日上堂法語

師拈拄杖云山僧正直五十一忽逢戒期露全機廓然撞開頂門眼物物頭頭盡得宜今朝三月十四日這個時節去年三月十四日亦這個時節前年三月十四日亦這個時節上前年三月十四日亦這個時節乃至無始以來三月十四日亦這個時節明年三月

十四日亦這個時後年三月十四日亦這個時節外後年三月十四日亦這個時節已至盡未來際三月十四日亦這個時節既過去未來同這個時則過去無生無滅無始無終無出無沒無古無今唯證自家境界如迷忽悟如忘忽憶古德云證得當陽第一機個中無是亦無非生死兩關都踢脫便是心空及第歸此事且置即今慶讚一句又作麼生良久云仲春合結這法會盡未來際永長生擲杖下座

上堂法語

師拈拄杖云毘盧頂上絕世情無邊刹海浪清平理

事境相都忘却物物頭頭盡圓融今有本寺護法三寶弟子法名慧清率同男金璋金綬來山修建水陸普度大齋勝會道場爲祈福延齡若論此事人人本具個個圓成不假造作亦非修成在凡不染在聖非淨在有不有在空非空歷長劫而不古混萬法而非今拈起徧周法界收來在一微塵朗朗明踰日月騰騰耀貫古今映映照徹十方煜煜灼破乾坤於此會得與三世諸佛同一鼻孔出氣歷代祖師把手共行其或未然直須念念急著眼莫忘菩提薩婆訶此事且置即今應眼一句又作麼生 良久云 懇祈陰雨歇

專謁日正紅　擲杖下座

上堂法語

師拈拄杖云毘盧頂上絕孤蹤大千沙界不通風欲識個中端的意去問殿前二柏松今有本寺護法劉居士竟安來山進香請法飯僧廣結良緣請山僧登座爲衆提唱宗乘若論宗乘老僧口挂壁上無開口處不免從方便門通一線道法無定相不繫時節法無顚倒亦無人我法無染淨不假修證法無是非遠離分別以法說法無別說以佛見佛無異見於此會得盡大地爲自己六道四生亦非他覓若太虛明如

杲日古云盡大地是沙門一隻眼正當甚麼時須是個中人始得雖然如是卽今慶讚一句又作麼生良久云克證金剛得長壽六根晝夜放光明擲杖下座

上堂法語

師拈拄杖云今朝五月念八毘盧性海潮發悉潤菩提靈根時至結果開華今有比丘尼靈根領衆姓人等請山僧登座爲衆說法若論此事本無言說無指無示事理雙忘人法俱泯於此會得天不能蓋地不能載虛空不能包日月不能照眼不能見耳不能聞諸上座果能體達此義歷長劫而不古混萬法而非

今此事且置，卽今慶讚一句又作麼生？良久云：時至華開香法界，普令羣迷盡逢春。擲杖下座

上堂法語

師拈拄杖云：毘盧頂上重放光，普示羣迷達故鄉。欲識端的眞面目，不離當處體全彰。今有本寺護法祁本覺領衆姓人等來山進香，爲値福延齡，請法飯僧，廣結良緣，請山僧登座，爲衆舉揚。諸上座會麼生？也如是現，死也如是現，生滅與去來，不隔一条線。識得這消息，從來無明暗。雖然如是，卽今慶讚一句又作麼生？良久云：戒海澄清恆如是，盡未來際作舟航。

擲杖下座

開講上堂法語

師拈拄杖云宣揚梵網功德無邊在聖時筵此法最先今有顯崇首座和尚爲慶法會請山僧陞座爲衆舉揚若論此事人人本具個個圓成不欠纖毫豈假修證所謂戒律一事法寶綱宗戒乃出苦海之慈航度奈河之橋樑斬羣邪之寶劍破長夜之明燈人天敬仰凡聖歸崇天龍歡喜魔王驚恐此事且置卽今令法久住一句又作麽生良久云惟願戒海常清淨盡未來際永不漸擲杖下座

上堂法語

師拈拄杖云毘盧頂上法門開四衆任意雲集來宣布梵網周沙界頓使羣機入華臺今有護法信女劉聖慧久於法海洞徹智眼圓明但承願力應機度生即今請法飯僧廣結良緣請山僧陞座爲衆舉揚若論此事大道縱橫觸事現成雲開日出水綠山青明明吞萬象處處太陽紅光照虛空界五穀甚豐盈萬國九洲朝王化太平天子樂昇平此事且置即今慶讚一句又作麼生　良久云　六門常出入妙用化無窮同向婆若海菩提果自成　擲杖下座

起七法語

師執香板云此是毘盧殿復名般若堂佛祖舊古規今朝重敷揚打七一事專爲剋期修證當著精進鎧發堅固意行勇猛行有一不顧性命漢非假思惟向罪未發事未彰形未顯以前薦取雖然如是畢竟如何進步喝云努力向前重進步一念直透萬重關執香板向上云起

起七法語

師執香板云舊店重開復又新信步行直莫問津千境萬境全不顧純精一念透古今云起

起七法語偈

師拈香板向禪堂內指云欲透頂門金剛眼萬仞峯頭進莫迴各人努力心無二古路重陽此日開　云　起

起七法語

師舉香板云毘盧頂上絕古今大道原來無捲伸妙心從來無出沒一念迷悟說舊新選佛場開忘凡聖洪爐點雪即於今欲透個中端的意不持一物定乾坤且道乾坤作麼生定　良久云　心道有無俱泯絕亂麻塵境一閑身　云　起

禪堂起七偈

師拈香板云選佛場開徹心源諸人當下絕攀緣忽然囫開頂門眼直向山頭架鐵船云起

起七法語

師拈香板云迷悟從來不隔線顛倒心生沒跡畔剋期總即無他事頓使諸人命根斷云起

請職法語

師云其請職一事叢林中綱要佛祖規模無論大小悉皆普應吾毘盧常住與諸方不同何故蓋此處不重老參不輕初學雖有大小實無大小雖有前後實無前後但老老誠誠一味的真實果能如是內外和

平始終如一可爲應此職也

貼單法語

師拈單条云選佛場開煉聖凡大冶弘爐絕根源人法雙亡何處顯前後相應體自圓此事且置卽今如何安排隨云東西無二相出入無二班欲知這消息此時正貼單

貼單法語

師拈条云選佛場裏絕蹤跡此處肭有一家風不須求玄覓宗旨只要脚根分得淸行走隨緣認的性坐卧處處無疑諍進門原來無二相出入任運分西東

云貼單

貼單法語

湛寂法界無二相　非修非證本天然

隨緣應現同異事　萬別千差體自圓

師拈單条云紅的是紙黑的是墨離此二則名何處著於此會得識的這個其或未然看老僧 遂貼單

貼單法語

師拈單条云龍象集禪堂萬衆爲敷揚彼此同一相當下絕商量且道如何絕商量響東邊黃紙字西邊字紙黃會得個中意心空極吉祥師下座 云看老僧

遂貼單

貼單法語

師拈單条云仰之不見其頂觀之不達其邊海衆安和久悟禪關邀之不退其後拋之不向其前蕩蕩乎等施大用巍巍乎道高體寬内不著名外不著相内外既不著且道文彩甚麼彰喝一喝云高著眼遂貼單

普茶法語

師舉杯云長江河中水毘盧頂上茶拈來煎一味飲發菩提芽且道是甚麽味若道世間味落於凡情若道出世間味著於聖解畢竟作何味良久云石女捧

茶過江南遇著鐵漢當酒呿云請茶

除夕茶偈

師拈杯云不題趙州茶不論雲門餅老祖破沙盆大家出手捧云請茶

普茶偈

師拈杯云一盞淸淨水假名變爲茶此味舌上顯識者遍天涯請茶

普茶偈

師拈杯云此是毘盧漿飲者除垢殃內外性寂滅額頂放毫光請茶

齋堂普茶偈

師拈茶杯云本來淸淨水色變說爲茶識得這茲味徹透祖師芽　云請茶

齋堂請茶偈

師舉茶盃云毗盧性水徹底淸飲者頃刻五蘊空若人識得個中味不離當處證無生　請茶

齋堂普茶偈

師舉茶杯云一盞淸淨茶非正亦非斜識得這滋味頓發菩提芽　云請茶

齋堂普茶偈

師拈杯云一盞清茶意味深各各承此入圓音若能悟得其中妙不離當處奉世尊云請茶

齋堂普茶偈

師舉杯云清茶菓子一齊吞不辨中道假與眞莫道老僧無法說人人鼻孔往下伸又偈盤內雲門餅甌中趙州茶若人吞下肚將來赴龍華云請茶

除夕晚齋堂普茶偈

師舉茶杯云清水茶一盞拈起徧天涯若人飲下肚五臟盡洗滑云請茶

齋堂茶偈

師拈杯云清水一茶盞点心一滿盤識得這滋味洞徹事理圓 云請茶

齋堂茶偈

師舉杯云本有一輪月久被塵勞鎖萬境分疏去各各認不得欲要識此月麽一碗清淡茶石榴與菱角 云請茶

普茶偈

師拈杯云清淡一杯茶老趙徧天涯識得這滋味飲發菩提芽 云請茶

對靈小參

師揮拂子云四大分散五蘊空一念回光證無生無拘無束無罣礙親見彌陀上品登且道如何動良久云舉足踏斷來時路依然山高水自淸放拂摳衣

為護法許夫人對靈法語

師拈拄杖云頓捨塵勞絶世緣專注彌陀在目前一念純眞塵情斷親登極樂上品蓮且道如何舉步良久云但教兩脚消空索直心信步往前行放杖摳衣

安位法語

師拈杖云妙性本空絶跡踪無出無沒無始終親入普光妙法堂八面玲瓏處處通且道作麽生道不動

本際十方現隨意逍遙任縱橫 放杖抽衣

爲慧月居比丘尼對龕小叅法語

師掉杖云聖凡無二路生死體皆同本來無一物處處得圓融圓寂比丘尼心慈了明四大無我洞徹五蘊無諍專精彌陀一句面前一物不逢到此凡聖不憶直達實相本空彌陀自性無二識得生本不生無生不生無不生頓入如來圓鏡中作麽生入迷無根悟無性二法原來如作夢且道如何是醒人 云 彌陀自性 放杖抽衣

爲靈鷲庵比丘尼封龕小叅法語

師掉杖云生死本來空無跡亦無蹤一念塵情斷直下證無生圓寂比丘尼昌悟大事已畢萬緣齊歇了聲色當體如幻達妄境本自無生非今非古非始非終如此會得處處亨通此事且置即今對靈小叅一句又作麼生良久云頓了三空無自性親見彌陀上品登放杖抽衣

爲比丘尼對靈小叅法語

師拈拄杖云生死無二相出沒無兩班情空佛亦亡假名何處安今日大事已畢化導已周隨緣教化處處自遊自遊者天堂尚不住地獄豈能留此事且置

對靈小叅一句又作麼生 良久云 法身應世無處所
因緣盡處潛跡踪 放杖抽衣

對靈小叅

師拈拄杖云淸淨妙法身從來無古今時時恆普應
無喜亦無瞋識得這面目非假亦非眞雖然如是即
今對靈小叅一句又作麼生 良久云 寶相巍巍無覆
隱恆河沙界體全彰 放杖抽衣

封缸舉火法語

師拈杖云虛空無際世界無邊朗徹十方耀古騰今
今有本寺書記朗耀禪人大事已畢萬行皆休凡有

所作諸事齊周雖然如是歸根一句又作麼生良久云
木馬天空鳴面南看斗星云封又拈火炬云生滅去
來無二相一體自性恆湛然塵塵剎剎沒踪跡物物
頭頭總一般會得個中端的意不離當處極樂天果
然能作如是解烈火焰裏坐金蓮云看火

封缸舉火法語

師拈封条云苦哉苦哉久噎塵埃今朝始畢直息安
排　恭維圓寂比丘普慧禪人明此清淨路兩邊皆
不顧頓破無明殼處處無依怙云封又拈火炬云
乾柴火一把事理當體彰烈火煙無情乘光往西方

云看火

師爲本寺後堂智心大師舉火封龕法語

師拈封条云正法眼藏涅槃妙心廓三際亦無去無來洞十虛而非邊非中智後堂大師於此處縱橫無礙與奪自遊隨機化導處處自在正是淨法界身本無出没大悲願力示現受生或現三乘形或現六趣身或現世俗境或現比丘尊不居有爲境不住無爲空有無俱寂滅當體本無生所謂盡十方世界是個沙門眼盡十方世界是沙門耳盡十方世界是個沙門全身盡十方世界是寂滅道場且道如何是寂滅

道場良久云不於餘處起分別是故此處最吉祥云封 師執火炬打圓相○云智心智心本自天眞娑婆極樂一任不分這裏會得不容移伸照顧眉毛爾陀現身云看火

爲自遠大師起龕法語

師以杖掉龕云法身無相亦無形本自非壞亦非成會得個中這消息天上人間任縱橫云起 師拈封条云諸法如幻本來無敗亦無興隨緣現身非出非沒亦非生圓寂比丘自遠禪師萬緣齊歇一期壽終於此洞徹即証無生一生行持正大光明無罣無礙隱

跡潛形自遊自在法界圓成且道如何得自在聻良久云無邊刹海不離當處十世古今此時頓明云封

爲觀音庵封釭法語

師拈拄杖云淨法界身本無出沒大悲願力示現受生圓寂比丘慧清老尊宿八旬年來高提祖印光光相然燈傳無盡作人天之龜鑑與後人之榜樣一期事畢化導已周雖涉建化門頭若是向上一著則不如此金剛正眼徹透十方無邊刹海普皆現身即今慧公向諸人頂顙上轉大法輪汝能見否良久云此是終難會頂相更難觀云封

爲自遠大師舉火法語

師拈杖云汝從聖中來來者本無來今者亦不去何處見有來五蘊本無我四大假安排本來無繫縛何處不自在此時會得這消息烈火焰裏坐蓮臺云看火

爲水月庵沙彌尼封缸法語

師拈封条云身從業生業由心作息念忘形當處解脫今有水月堂上沙彌尼本淸一生淸淨行持臨終正念昭彰洞徹四大如幻了知五蘊本空雖云徧周法界個中本無纖毫向這裏會得封個甚麽雖然如

是還有這個在 云 封

舉火法語

師執火炬云性火無內外無人亦無我火光三昧力頓超極樂國 云 看火

爲本根和尚起龕法語

師拈拄杖云妙體本無相刹海普現身彼此同一體誰疎復誰親恭維嘉善堂上本根老和尚大事已畢萬行周圓諸有所作事理俱備雖然如是臨行一句又作麼生 良久云 但教兩脚消空去十方法界任縱橫 云 起

啟關法語

師拈拄杖云樓閣不自開只待老彌勒彈指善財入入已絕塵埃徧觀依正境處處見善財法性莊嚴相畢竟從何來一念塵劫事忽然頓省來會得這消息關房此時開放杖回室

剃頭法語偈

師拈金刀云辭親離俗脫紅塵斷盡煩惱出苦輪廣度羣迷無限際無邊剎海轉法輪善哉丈夫心誓願入圓音欲會剃髮意當下即天眞遂剃

落髮法語

師拈金刀云欲斷煩惱髮全憑智慧刀跳出三界獄毀形捨塵勞萬劫恩愛網決定從此超究竟成菩提蹋步在今朝 遂剃

建普洞塔上樑法語

師拈杖云多寶佛塔今已成映徹十方竪無窮無邊剎海爲此勝雲集僧衆各得寧虛空爲柱法界爲樑四面八方無覆無藏諸上座這裏會得人人無外各各不忘於此鑒得承遠流常此是且置即今上樑一句又作麽生 良久云 萬派一心同歸這裏當體全彰震動十方 云墜

冬至起衆靈骨入新普同塔法語

師拈拄杖云正覺一宗燒破虛空實無彼此亦無始終暫移一步逢日輪紅云起

入塔法語

師拈杖云長江之水繞鍾山中有浮圖絕正偏識得此是毘盧境不離當處卽西天華嚴經云一塵含十方世界又向甚麽處覓出覓入今日不管是張三底骨䞋也不管是李四底骨䞋也不管是徐五底謝八底以杖向塔戶云總爲我拈來都放在者裏安置忽憶釋迦老子云我觀三千大千世界乃至中間無有

如芥子許地不是我捨身命處　良久云　咦打圓相○

將此身心奉塵刹是則名爲報佛恩　放杖回室

金陵毘盧印魁文祖法語　終

图书在版编目(CIP)数据

金陵毗卢寺印魁文祖法语 / (清) 印魁著. -- 影印本. -- 南京 : 南京大学出版社, 2020.4

ISBN 978-7-305-23111-7

Ⅰ. ①金… Ⅱ. ①印… Ⅲ. ①佛经 Ⅳ. ①B94

中国版本图书馆CIP数据核字(2020)第054296号

出版发行 南京大学出版社
社　　址 南京市汉口路22号　　邮编 210093
出 版 人 金鑫荣

书　　名 **金陵毗卢寺印魁文祖法语**
著　　者 [清]印　魁
责任编辑 陆蕊含　　编辑热线 025-83592401

照　　排 南京紫藤制版印务中心
印　　刷 徐州绪权印刷有限公司
开　　本 880×1230　1/32　印张 3.75　字数 80千
版　　次 2020年4月第1版　2020年4月第1次印刷
ISBN 978-7-305-23111-7
定　　价 68.00元

网　　址 http://www.NjupCo.com
新浪微博 http://e.weibo.com/njuyzxz
官方微信号 njupress
销售咨询热线 025-83594756
